AF248178

QUELQUES MOTS

SUR

L'ALGÉRIE

E. SABATIER

NIMES
IMPRIMERIE HENRY MICHEL
IMPRIMEUR-ÉDITEUR
69, Rue Nationale, 69
1892

QUELQUES MOTS

SUR

L'ALGÉRIE

E. SABATIER

NIMES
IMPRIMERIE HENRY MICHEL
IMPRIMEUR-ÉDITEUR
69, Rue Nationale, 69
1892

« *La grande entreprise de la colonisation de l'Algérie se résume dans* l'implantation *d'une population Européenne, afin de régénérer le peuple arabe et de faire concourir les forces vives des deux races à la mise en valeur d'une terre privilégiée dont le peuplement et la fertilisation doivent devenir pour la mère patrie une source de grandeur et de puissance.*

Colonel WOLF.

(Voir immigrants et Indigènes, *page 27*)

Nous ne demandons que justice et protection égale pour toutes les populations de l'Afrique française, la colonisation ne sera prospère que si elle a de la sécurité, elle n'aura la sécurité que si elle est nombreuse et forte.

(Immigrants et indigènes *page 1.*)
Challamel, Paris, 1863

QUELQUES MOTS SUR L'ALGÉRIE

Il est certain qu'en matière de Colonisation nous avons. nous Français. changé continuellement de systéme (1). Nous avons colonisé sans plan déterminé d'avance et des échecs nombreux et graves ont remis sans cesse en question tous les problèmes coloniaux. c'est ce qui se passe aujourd'hui. La marche suivie en Algérie de 1871 à la fin de l'administration de M. Tirman a consisté dans une colonisation officielle à outrance. Aujourd'hui on paraît vouloir changer de méthode. On veut remplacer la colonisation officielle par la colonisation libre. Beaucoup d'hommes politiques croient à la possibilité d'assimiler fiscalement parlant les colons aux métropolitains et ces mêmes hommes croient pouvoir, par un ensemble de réformes qui leur paraissent possibles, assimiler les indigènes à l'élément français, ce sont là des théories que nous croyons inadmissibles et c'est ce que nous allons essayer de prouver.

Nous pensons que les questions Algériennes méritent d'être traitées non seulement par des métropolitains qui ont beaucoup de peine à se rendre compte de leur complexité, mais aussi par les Français d'Algérie qui les connaissent, quoi qu'on puisse dire, infiniment mieux et qui sont sinon les seuls, du moins les premiers intéressés à la bonne solution de toutes ces questions. Il est vrai qu'elles ont été étudiées, examinées minutieusement par des hommes qui, hier, simples députés, sont aujourd'hui au pouvoir et que nous serions heureux d'applaudir, mais nous croyons et nous disons hautement qu'ils s'engagent dans une voie qui conduit à la ruine de l'Algérie et par cela

---

(1) Six gouverneurs se succédèrent en sept mois, la colonie s'agita sans progrès. Neuf gouverneurs généraux et autant de systèmes de colonisation, etc., page 47 et 59. Voir *Immigrants et Indigènes*, Paris, Challamel, éditeur, 1863.

même aboutit forcément à la diminution de la grandeur de la France. C'est pour cela que nous en appelons du jugement qui a été rendu sur l'Algérie. Nous voulons apporter notre modeste concours à tous ceux qui travaillent à la prospérité présente et future de la France et de la Colonie.

Queceux dont nous combattons les idées soient bien persuadés que nous rendons hommage à leur savoir, à leur caractère et à leurs travaux. Nous admirons leur amour de la justice, nous déplorons avec eux tout ce qui a pu la léser, mais nous croyons et nous affirmons qu'en Algérie comme partout en face du peuple vaincu la France a toujours versé plutôt du côté de la générosité que du côté de la sévérité ou de la stricte justice ; nous affirmons que les colons ont suivi dans leurs rapports avec les indigénes la marche habituelle de la mère patrie et qu'au lieu de susciter parmi eux des sentiments de haine irréconciliable ils y ont plutôt semé des sentiments de respect et d'estime. Nous dirons que les Arabes ne demandent qu'une chose à l'Administration française : le respect de leurs droits, de leur religion, de leurs coutumes, tel qu'il a été promis par les capitulations et pratiqué jusqu'à ces derniers temps. Les Colons ne réclament qu'une chose, la *liberté*.

Nous croyons avec eux que l'Algérie (française et arabe) est appelée à un grand développement, à condition d'être traitée libéralement par la mère-patrie, à condition d'être ménagée et sous le rapport fiscal et sous le rapport de l'assimilation des Indigènes ; ceux qui croient le contraire ont pu soutenir leur théorie et la faire admettre dans une large mesure, qu'ils nous permettent de soutenir la théorie contraire ; nous espérons, nous voulons penser qu'elle sera admise un jour, nous aimons à espérer que les vœux des colons et des indigènes exprimés bien souvent et de mille manières, ne resteront pas choses vaines, car la solution actuelle amènerait la ruine, ils l'affirment, et ce n'est pas leur ruine, mais leur prospérité à tous que tout bon français désire.

En deux mots voici tout notre programme : Faire connaître l'Algérie telle qu'elle est avec ses ressources mais aussi avec ses misères, la faire connaître pour qu'elle devienne ce qu'elle peut et doit-être : une colonie prospère et puissante, peuplée, non de 250 mille mais de 2 à 3 millions de Français. (1)

L'Algérie en 1891 de M. Burdeau

L'émotion publique fut grande lorsque M. Burdeau, le député bien connu (2), eut présenté à la Chambre son rapport, sur l'Algérie et l'administration du pays. Cette émotion est allée grandissant en France car le rapport est devenu plus tard un livre et le livre reste. Son texte est sans cesse commenté par tous ceux qui veulent non seulement diminuer, mais supprimer les allocations de la Métropole à sa colonie et encore la mettre dès aujourd'hui largement à contibution pour lui faire rendre par de nouveaux impôts, progressivement accrus, les millions que les habitants de l'Algérie payeraient s'ils étaient assimilés complètement aux contribuables de la mère-patrie

Le fond du livre, *l'Algérie en 1891*, se réduit à ceci : « La colonie est assez riche pour payer dès aujourd'hui des impôts comme la France.

Le gouvernement peut et doit restreindre ses allocations et les supprimer bientôt La population Algérienne doit être pour la France une source de revenus et non une charge. »

C'est là une erreur capitale, l'Algérie est bien loin encore du jour où elle pourra être assimilée en fait d'impôts. Ceux qui la connaissent le savent bien et les arguments ne leur manqueront pas pour prouver qu'elle n'est pas et ne saurait être de longtemps capable de supporter les charges que des assimilateurs imprudents voudraient lui imposer.

Tout le monde sait que le parlement paraît décidé à réduire de plus en plus les sacrifices de la France en faveur de l'Algérie, mais ce qu'on ne sait pas généralement. et ce qu'il importe d'établir, c'est que ce plan n'aura d'autre résultat que de

---

(1) Ne pas peupler l'Algérie après l'avoir conquise, tout en administrant les arabes avec justice, c'est se préparer pour l avenir un grave échec. *Immigrands Indigènes* p. 25 Maréchal duc d'Isly.

(2) Aujourd'hui Ministre.

paralyser graduellement la colonisation en diminuant forcément le courant d'émigration.

Les Colons ont aujourd'hui grand peine à réussir ; que sera-ce lorsque de nouveaux impôts auront été établis ? il est facile de prévoir que la population coloniale ira sans cesse en diminuant dans un pays où la richesse est plus apparente que réelle. La terre est louée ou achetée à bas prix mais, quoi qu'on dise, le rendement est petit si on le compare à ceui de la mère patrie.

La production agricole représentaît en 1882 par tête d'habitant : en France 300 francs, en Algérie 208 francs.

L'agriculteur algérien ne produit donc que les 2/3 de ce que produit l'agriculteur français ; ce ré-résultat est peu fait pour encourager l'émigration. Les céréales produisent 6 à 8 quintaux/ à l'hectare, le bénéfice net de cette culture est fort peu de chose. et si l'Algérie n'avait pas celle de la vigne elle serait, comme pays de production agricole, un des derniers du monde. Si nos gouvernants veulent que notre Colonie se peuple de français, il faut qu'ils puissent y vivre du produit de leur travail, et le travail le plus productif est sans aucun doute la culture de la vigne, et les industries qui en découlent.

Frapper cette industrie par des impôts nouveaux c'est l'arrêter dès ses débuts, c'est enrayer sa marche en avant, c'est porter un coup de grâce à des hommes, Français en grande majorité, qui ont sacrifié d'importants capitaux pour la création rapide d'un vignoble, qui pourrait et devrait un jour nous affranchir complètement du tribut que nous payons depuis vingt ans à l'Espagne et à l'Ita ie (1).

Si l'Algérie peut se développer pendant quinze ou vingt ans encore elle aura un vignoble qui sera une source inépuisable de richesse et pour la Colonie et pour la Métropole elle-même.

En 1878 les colons possédaient dix sept mille

---

(1) Tout le monde sait que pendant vingt ans (voir les tableaux statistiques des douanes) la France a acheté à l'Espagne et à l'Italie 12 à 15 millions d'hectolitres de vin par an, ce qui au prix moyen de 20 fr. fait la modeste somme de 250 millions par an et de 4 à 5 milliards pour cette période.

hectares de vignes, qui produisaient 338.000 hectolitres ; en 1888, ils possédaient 125.400 hectares qui produisaient 2 millions 761 mille hectolitres.

Dans peu d'années, dit M. Burdeau, le vignoble algérien donnera 4 à 5 millions d'hectolitres et ne s'arrêtera pas là. L'auteur de *l'Algérie en 1891* ne paraît pas songer que ce merveilleux développement est dû à la *liberté commerciale et industrielle* dont les colons algériens ont joui jusqu'à présent, au moins en ce qui concerne la vigne et les industries qui en découlent On peut affirmer que la plantation s'arrêtera, ou sera singulièrement diminuée, dès le jour où la Régie aura fait son apparition dans notre colonie. Il se produira alors ce qui s'est déjà produit à l'apparition du phylloxéra : le prix des terres baissera certainement et l'abaissement du prix des terres est le plus sur indice de la décadence d'un pays, ceux qui auront établi de nouveaux impôts en Algérie le regretteront alors amèrement. (1)

L'Algérie est étudiée par nos hommes d'état, députés, sénateurs, ministres s'en occupent plus que jamais, malheureusement leur tendance si elle se réalisait en actes amènerait à bref délai la diminution rapide et peut-être la suppression presque totale de l'élément civil français. En d'autres termes, la voie dans laquelle on s'engage aujourd'hui est certainement néfaste, on ne saurait trop le dire on ne saurait le crier assez haut.

Il est du devoir de ceux qui connaissent le pays, qui l'ont habité ou l'habitent. qui y ont des intérêts de dire aussi leur mot. C'est là un devoir strict, c'est pour cela que j'ai voulu exprimer ce que je pense sur cette terre d'Afrique que je connais depuis 22 ans et à laquelle j'ai confié mes capitaux, ainsi qu'une foule de Français qui ont cru que la Métropole voulait établir en Algérie une puissante colonie peuplée surtout de Français. Aujourd'hui, hélas ! la France paraît vouloir transformer du tout au tout ce qui a été fait jusqu'a présent. N'est-ce pas aussi décourager à tout jamais ceux qui voudraient coloniser ! Les Français sont à peine un

---

(1) Mismer, monde musulmam, dernier chapitre.

quart de million contre-balancé par un quart de
million d'étrangers, par quatre millions d'arabes,
et on songe à les imposer comme les Métropoli
tains. On oublie ou on veut ignorer que les Français en Algérie ont à lutter contre cent causes de
ruine inconnues en France et le résultat infaillible
qu'on obtiendra en établissant de nouveaux impôts
sera d'arrêter net un essor qui ne date après tout
que du jour (1) où les planteurs de vignes, chassés
de France par le phylloxéra, ont apporté leurs
capitaux sur la terre d'Afrique, mais avec la pen-
sée que les colons français seraient protégés
ou au moins laissés libres. Aujourd'hui, on veut
les mettre sur la même ligne que les contribuables qui sont restés sans danger aucun dans les
villes ou les campagnes de la vieille et chère
France (2). C'est là un procédé injuste, souve-
rainement injuste et, de plus, impolitique, qui va et
qui ira de plus en plus à l'encontre du but pour-
suivi si ce but est bien la prospérité de la colonie et non la constitution d'un royaume arabe.

Les Colons, s'ils étaient consultés, vous diraient
d'avance ce qui va se produire dès le jour où vous
les mettrez, en matières d'impôts, sur la même
ligne que les Métropolitains : ils diraient tous,
d'Alger à Laghouat, de Constantine à Oran :
« beaucoup d'entre nous vont être obligés de réa-
liser leur avoir et de rentrer en France, là nous
paierons les mêmes impôts qu'ici mais nous n'aurons pas à nos trousses les fièvres qui font en dix
ans de l'homme le plus sain un homme sans force
et sans énergie ; nous n'aurons pas les sécheres-
ses, les sauterelles les criquets les altises, les
insurrections périodique des indigènes, les incur
sions des Arabes du Sud, les massacres en détail
ou en masse (3) qu'on nous fait entrevoir (4) et que
les anciens ont connus dans une large mesure ! »

Les colons en grand nombre ne menaceraient
pas de rentrer en France, ils y rentreraient certainement ; il ne faudrait pas vingt ans à l'Algérie
pour se vider de l'élément colonisateur par excel-
lence, c'est-à dire de l'élément français, actif, labo-

<hr>

(1) Voir l'*Algérie en 1891*, page 364-319.
(2) »   »   »   page 250-256.
(3) *Le Monde Musulman*. Mismer, dernier chapitre.
(4) *Petit Marseillais*, 8 décembre 1892.

rieux, éneigique qui se sentirait paralysé complètement et ne se résignerait pas à la triste situation qui lui serait faite.

Avant de faire une expérience néfaste pour notre domination en Algérie, réfléchissons sérieusement à la chose, il en vaut la peine pour nous, et nous dirons, certains d'être l'écho du sentiment de l'Algérie Française : Que nos gouvernants et nos législateurs y réfléchissent : *la ruine du pays est au bout du chemin sur lequel ils sont engagés.*

L'Algérie a grand besoin que la France vienne largement à son aide.

On a dit, on a cru que le pays était riche, prospère il faut reconnaître la vérité : il est pauvre, il n'est pas imposable dans la mesure où on l'a cru. Que nos gouvernants renoncent pour longtemps à établir de nouvelles taxes, c'est aujourd'hui plus que jamais le moment de dégrever la colonie et de lui donner des subventions budgétaires qui permettent de fournir du travail à une population nombreuse que le manque de récolte tient dans une détresse dont on ne saurait se faire une idée en France.

Arrêt des Crédits algériens.

Pourquoi y a-t-il eu un arrêt des crédits accordés à l'Algérie ? parce que les députés et sénateurs qui l'ont visitée en caravane ont vu les beaux côtés de la colonie, les centres importants, les populations en fête à l'occasion de leur passage ; ils n'ont pas visité les hôpitaux pleins de malades, les maisons des colons pleines de fiévreux, de gens endéttés, découragés ; ils n'ont pas visité les bureaux des hypothèques pour se rendre compte de la masse énorme d'intérêts dus par les cultivateurs algériens aux capitalistes de la Colonie ou de la Métropole

Les députés et les sénateurs rentrés en France ont tout naturellement songé qu'il était temps d'établir de nouveaux impôts sur les populations de l'Algérie ou plutôt sur les populations coloniales, ils ont pensé que les crédits donnés à ce pays devaient être diminués d'abord et supprimés bientôt.

Cela se comprend : On avait vu en passant un pays qui paraissait prospère, on avait visité les grandes villes, les grands centres agricoles, on avait traversé rapidement le sud ; on croyait l'Algérie connue, elle ne l'était pas, hélas ! mais le résultat ne s'est pas fait attendre. Une vision rapide et superficielle a suffi pour faire faire des lois fiscales sous lesquelles la Colonie gémit maintenant, d'autant plus que beaucoup d'hommes politiques demandent qu'elle soit rapidement assimilée fiscalement parlant à la Métropole, ce qui signifie qu'on se prépare à la charger à bref délai d'impôts encore plus lourds ; elle en appelle des députés mal informés à ces mêmes députés mieux informés. Nous espérons qu'un nouveau voyage d'exploration sera fait chaque année par les membres du Parlement et qu'ils se rendront pleinement compte de la triste situation où se trouve l'immense majorité de la population agricole indigène et coloniale.

Après avoir étudié ce pays sous toutes ses faces, on a conclu en haut lieu qu'il fallait diminuer les crédits qui lui étaient alloués et augmenter rapidement ses impôts, mais voici que la misère est telle que les autorités locales l'ont constatée officiellement cette année et qu'au lieu de percevoir de nouveaux impôts on ne pourra même pas faire rentrer la totalité des anciens et que de plus il faudra que l'Etat, les départements, les communes viennent, largement au secours des indigènes et des colons sous peine de voir les uns et les autres incapables de faire leurs semailles. Les ventes par autorité de justice seront innombrables car la sécheresse a non seulement détruit la récolte des céréales mais diminué des 3/4 la récolte du vin.

Beaucoup de Colons et d'indigènes se trouvent donc sans rersources, comment feront-ils pour payer les intérêts des emprunts ? comment feront-ils pour trouver, non seulement des semences, mais des vivres qui leur permettent d'attendre la prochaine récolte ?

Ce sont là des questions que les intéressés directs se posent avec angoisse, ce sont là des questions que se posent aussi les nombreux négociants qui ont ouvert des crédits à la population rurale et qui sont aujourd'hui menacés de ruine car ils n'ont rien à espérer pour cette année.

Quelques personnes ont parlé de disette, c'est malheureusement de famine qu'il faudrait parler, c'est de famine que parlent les indigènes. J'ai visité tout dernièrement presque toute la vallée du Ché-lif, l'étendue du mal y est incalculable. Les derniè-res recoltes y ont été fort insuffisantes, la dernière a été à peu près nulle, c'est bien la famine qui est en perspective! Quelques hommes politiques espé-raient que l'Algérie allait fournir de nouveaux et importants impôts, ils doivent constater aujour-d'hui que l'Etat doit faire d'immenses sacrifices pour arracher à la misère et à la mort qui les attend des masses d'indigènes et bon nombre de colons qui sont aujourd'hui sans crédit, sans épargne et sans récolte

L'Algérie que M. Burdeau a cru pouvoir nous représenter comme fortement imposable va flé-chir sous le fardeau de ses misères grandissantes si l'Etat n'abandonné pas une partie de ses droits en matière d'impôts, et si, de plus, il ne vient pas largement au secours des populations menacées d'une véritable catastrophe.

Au Rapporteur da Budget

Monsieur, votre discours à la Chambre et votre livre ont pour but de prouver que l'Algérie devrait dès maintenant se suffire ou a peu près à elle-même ; par l'établissement de nouvelles taxes, c'est là croyons-nous une grave erreur qui, si elle était accréditée, ne pourrait que frapper au cœur un pays qui est pauvre et incapable de supporter de longtemps de *nouveaux* impôts. (1)

Je suis persuadé que notre possession du nord de l'Afrique doit être révélée à la France non seu-lement par des hommes qui l'ont traversée à la hâte et l'ont étudiée dans les documents officiels, mais par ceux qui la connaissent pour l'avoir habitée longtemps car ce sont eux seuls qui savent combien sa richesse apparente recouvre de misères et combien sa prospérité est peu solide.

Vous dites dans votre note préliminaire, « l'avenir » de la Colonie est désormais *assuré*, pourvu, ajou « tez-vous, que les Français *continuent* à s'y porter » comme ils font depuis cinq ou six ans. »

____

(1) Voir *l'Algérie en 1891*, page 395.

Nous ne ferons qu'une remarque : les Français *ne continueront pas à s'y porter, cela est certain :*

1° Parce que ce qui les a attirés en ces derniers temps n'existe plus aujourd'hui. Je veux parler du vignoble à créer avec l'espoir qu'il pourrrait être exploité sous le régime de faibles impôts ; 2° parce que le vignoble détruit en France par le phylloxéra et que bien des personnes croyaient devoir reconstituer en Algérie *est reconstitué ou à peu près dans la Métropole.*

Le stimulant qui poussait les méridionaux en Algérie n'existant plus, il serait plus que hasardeux d'espérer que l'émigration continuera comme par le passé (1).

Vous dites : « Les crédits affectés à l'Algérie pour ses services publics n'ont reçu aucun développement au cours des huit derniers exercices et (manifestement les Chambres françaises sont résolues à ne plus accroître les sacrifices de la Métropole en faveur de sa Colonie) Nous sommes persuadé qu'il n'en saurait être ainsi, car à l'arrêt des ressources de l'Algérie correspondra une diminution dans le rendement des impôts.

Vous parlez de sacrifices de la Métropole, vos tableaux statistiques prouvent que si la France a donné beaucoup à l'Algérie celle-ci a donné à la France aux communes et aux départements algériens sous forme d'impôts divers 105.822.914 francs, soit en chiffre rond 106 milions, on ne peut donc pas affirmer que les Algériens soient peu imposés (2)

On dit que l'Algérie est une lourde charge pour la Métropole, mais beaucoup d'Algériens affirment que la Colonie pourrait largement se suffire à elle-même si on lui laissait la libre disposition des impôts qu'elle verse dans les différentes caisses de l'Administration française, ils affirment que parler sans cesse des sacrifices de la Métropole sans mentionner les immenses avantages qu'elle en retire ne peut être qu'une cause

---

(1) On peut affirmer que la plantation de la vigne n'ayant pas donné les résultats espérés, une grande diminution de l'élément colonisateur se produira à brève échéance.

(2) Voir récapitulation générale, l'Algérie en 1891. Burdeau page 395.

d'erreur et pour les gouvérnants et pour les gouvernés.

La France et l'Algérie ont tout intérêt, sous le rapport moral et matériel a laisser les comptes de côté, ce qu'il leur faut c'est l'union de plus en plus intime qui fera de l'Algérie une protégée de la France un vaste champ d'exploitation ouvert à toujours à tous, une aide, une auxilliaire assurée pour les jours d'épreuves et un lieu d'expansion pour ses enfants qui y trouveront, à l'abri du drapeau national, un vaste champ d'activité qui véritablement exploité fera l'aisance et la richesse des colons, des indigènes et des métropolitains eux mèmes.

Vous voulez absolument que l'Algérie ne compte plus sur l'aide de la France, et vous vous efforcez de prouver qu'on peut en même temps et lui, enlever tout secours de la mére patrie ef la charger de nouveaux impôts ; c'est là, il me semble une grave erreur, car les Algériens sont dans une période de création et leurs dépenses dépassent de beaucoup leurs recettes, tous ceux quï sont en rapport d'affaires avec eux le savent bien. Il est facile de constater que l'Algérie malgré son apparence de prospérité est un pays pauvre. Ce qui étonne le plus les nouveaux débarqués, c'est de voir une nombreuse population en haillons

Les statistiques peuvent faire illusion lorsqu'elles énumèrent les millions de tonnes de marchandises allant d'Alger en Europe et d'Europe en Algérie Il ne faut pas oublier que notre Colonie ne vient qu'au cinquiéme ou sixième rang parmi les pays qui commercent avec la France. Il ne faut pas oublier qu'une grande partie de ce commerce se ferait lors même qu'il n'y aurait pas un colon français en Algérie. En réalité le pays produit peu et naturellement vend et achête peu. La chose est indéniable pour la mettre en évidence on n'a qu'à constater que nulle part au monde on ne voit la propriété passer aussi rapidement de mains en mains que dans ce pays : Nullepart les ventes par autorité de justice ne sont aussi fréquentes, preuve évidente de la misère publique et générale.

La terre que l'on croit fortement imposable et

que l'on veut imposer n'est rien par elle même,
dans un pays où la population est clair semée et
ne possède pas les capitaux nécessaires pour la
faire valoir. Les colons, il est vrai. vivent quelque
temps de l'emprunt hypothécaire, mais, comme
leurs concessions ne produisent que rarement
dans les premières années l'intérêt de l'argent
emprunté il y a toujours beaucoup de terres à vendre à bas prix et ce fait à lui seul fait toucher du
doigt le manque dé ressources du pays et c'est
lorsqu'il est dans cette situation lamentable qu'on
demande qu'il soit chargé de nouveaux impôts.
Si la chose *se réalise, ce sera* la *ruine* de *l'Algerie*
ou *du moins l'arrêt de tout progrès*.

Comment pouvez-vous croire que l'Algérie cst
dans une bonne situation économique et dire en
même temps que les céréales qui sont sa grande
ressource (elles fournissent 400 mtllions sur 800
millions provenant de toutes les cultures) ne don-
nent que de 4 et à 6 quintaux à l'hectare ! C'est
faire toucher du doigt la misére Algérienne, on la-
boure partout fort mal puisque l'on récolte si peu.
Les 4 millions d'habitants sont parfaitement a ssimi
lables aux Français de la Métropole en matière fis-
cale selon votre théorie, pourtant vous savez et
vous dites que la surface que les Algériens sèment
en céréales est d'un demi hectare par habitant. Il y a
4 millions d'habitants et 2 millions et demi environ
d'hectares semés en céréales et ces terres ne rap-
portent que 5 à 6 quintaux ! Et cette culture, il ne
faut pas l'oublier, fournit la moitié des produits
agricoles! On sait que l'industrie(1) est nulle en Algérie et le commerce trés précaire. Il y a en tout 4 à
5 millions d'hectares cultivés, c'est à dire à peu près
un hectare par habitant. ! Dans aucun pays du
monde un falt si lamentable ne peut se produire
On a là la preuve du peu de prospérité du pays.

Si l'Algérie paraît progresser c'est que sa population se développant elle-même dans de grandes
proportions donne lieu à un mouvement d'affaires
de plus en plus considérable mais qui n'est pas
un indice de prospérité. Enfin si l'Algérie parait
progresser c'est qu'elle crée des exploitations agricoles, c'est qu'elle plante bcaucoup de vignes,

---

(1) Voir Petit Colon 3 décembre 1892.

mais il n'y à là qu'une prospérité factice qui pourrait s'arrêter tout à coup (un pays qui crée son exploitation agricole dépense infiniment plus qu'il ne recueille, il recueille infiniment plus qu'il ne dépense lorsqu'il est arrivé dans l'exploitation véritable, cette période n'est pas près d'arriver pour l'immense majorité des colons. Il est vrai que la période de création paraît toujours être une époque prospère, car elle produit un grand mouvement d'hommes et de capitaux, c'est ce qui est arrivé en Algérie pour la création du vignoble, mais pour que cette création soit réellement utile au pays et imposable, il faut que par son moyen une puisssante épargne ait été constituée et tout le monde sait que ce n'est malheureusement pas le cas car loin d'avoir constitué une épargne la colonie doit le 60 o[o du capital employé à la mise en valeur de ses terres, (1) nous *estimons que c'est sur ce point qu'il faut mettre l'accent* et *non sur un léger accroissement de ses cultures et sur le développement rapide de sa population.*

Le travail européen produit certainement des rendements supérieurs à celui des indigènes, mais le défaut d'outillage et les grandes sécheresscs rendent néanmoins le rendement des céréales de beaucoup inférieur à celui de la France. Les Algériens ont, dites-vous, deux fois plus de terrain à cultivcr, mals c'est là un désavantage plutôt qu'un bénéfice puisqu'ils produisent infiniment moins à l'hectare qu'en France. La moyenne en Algérie est de 4 à 6 quintaux. (2) En Europe on fait quinze à vingt quintaux et ces rendeménts sont depassés de beaucoup dans le Nord et en Angleterre, cela montre combien l'Algérie est peu favorisée sous le rapport de sa culture la plus importante. Une des principales causes de ruine réside justemént dans ce faiblé rendement. On a dit que cette production était plus abondante et plus stable, que par le passé cela est possible. mais le résultat est cependant de beaucoup trop inférieur à celui qu on obtient partout ailleurs et à celui qu'on devrait avoir si la production agricole de la

---

(1) Quant à la propriété bâtie elle doit le 40 o[o de sa valeur.

(2) Algérie agronomique Hardy, page 21.

colonie se développait aussi rapidement que sa population.

C'est dire que l Algérie ne saurait être assimilée fiscalement à la France puisque sa plus importante culture est loin de donner des résultats rémunérateurs.

Qu'on augmente les impôts et l'Algérie qui aurait pu devenir rapidement un pays riche, puissant prospère et être une vraie ressource pour la Métropole deviendra de plus en plus une quantité négligeable pour une nation qui a une population de 40 millions d'habitants et un budget de 3 milliards et demi !

L'empire colonial de la mère-patrie au lieu de grandir et de progresser sans cesse comme les colonies anglaises ira s'amoindrissant rapidement jusqu'au jour où la minime population agricole de race Française aura disparu ou aura diminué dans de telles proportions que l'Algérie perdra son caractère de Colonie pour devenir un royaume arabe sous notre domination ou peut-être par économie un simple protectorat comme la Tunisie ou Madagascar. Alors le rêve d'un grand empire colonial aura disparu pour toujours, à la joie peut être des Français qui ont applaudi ceux qui ont inauguré une nouvelle politique coloniale, mais, hélas à la grande joie de l'Angleterre, de l'Italie et de l'Allemagne, qui seront d'autant plus puissantes que la France sera plus affaiblie !

Au lieu de restreindre par tous les moyens les ressources de l'Algérie il faut au contraire lui donner toutes celles qui lui sont nécessaires pour son développement afin qu'elle devienne, aussi rapidement que possible, non-seulement une colonie prospère mais un vrai prolongement de la France et une base indestructible pour asseoir notre domination en Afrique et en faire sentir l'influence civilisatrice dans tous ces pays qui vont de l'Océan à la mer Rouge et de la Méditerranée à l'Equateur. Au lieu d'arrêter par des impôts nouveaux la prospérité naissante mais bien fragile encore de l'Algérie il faut que la France appelle sur ses rivages par sa protection et ses faveurs, ses exemptions de tout genre une population Française de 2 à 3 millons d'hommes ; c'est ainsi seulement que la prophétie de Prévôt-Paradol

sera réalisée ; la France ne retrouvera son an-
cienne prépondérance dans le monde qu'en faisant
de sa grande colonie un pays peuplé, prospére et
puissant.

Il ne faut donc jamais oublier que la France a
un suprême intérêt à attirer et à fixer en Algérie
une nombreuse population *Française*, car c'est
par ce seul moyen qu'elle établira une impérissable
domination sur le Nord de l'Afrique. Elle doit faire
cela tout de suite et non pas dans un demi siècle,
il serait trop tard. Nous avons dépensé un milliard
au Tonkin qui ne péut-être colonisé, car il est
trop loin, son climat est trop malsain, sa population indigène trop compacte, nous aurions eu une
Algérie décuplant d'importance si ce milliard au
lieu d'être jeté sur les bords du fleuve Rouge à
quatre mille lieues d'ici avait été jeté sur le littoral
méditerranéen qui nous fait face et qui est à 3o
heures de nos côtes

La France enverra des soldats et des adminis-
trateurs en Asie et cela nous sera de bien peu de
profit, mais l'Algérie colonisée véritablement, c'est-
à-dire peuplée de quelques millions de Français,
serait devenue une seconde France.

Monsieur telle n'est pas votre ambition, vous
vous opposez au budget spécial qui a été demandé
et par les députés de la colonïe ét par le Gouver-
neur Général lui-même, vous demandez que les
charges supportées par les Algériens indigènes ou
Colons (ils paient déjâ plus de *cent millions*, de
taxes diverses) soient augmentées dans une forte
mesure vous proposez de diminuer et de supprimer bientôt les crédits ouverts au chapitre de la
colonisation Les Algériens estiment que vos pro-
positions ne peuvent que porter le plus grand pré-
judice à la colonie, ils n'hésitent pas à dire qu'on
est entré dans une voie néfaste ; ils ont le sentiment
qu'au lieu de proposer des économies presque sur
tous les services coloniaux il aurait eté bien pré-
férable dans l'intérêt de la France et dans celui de
l'Algérie de proposer au contraire l'ouverture de
nombreux et larges crédits pour donner libre car-
rière à l'expansion coloniale.

Vous répondez à cela que l'heure des subventions est passée, que l'Algérie doit à l'avenir se
suffire à elle-même ; vous affirmez que désormais

les terres autrefois données par l'Etat, peuvent et
doivent être vendues, (1) que l'Etat ne doit plus en
donner : si cette mesure est adoptée ce *sera l'arrêt
de mort de la colonisation*, car, exception faite pour
les planteurs de vigne de ces dernières années les
Français n'emigrent en Algérie que si on leur
donne des terres ou des emplois, ceux qui achètent
des propriétés foncières et les *mettent en valeur*
sont en nombre bien infime et ne peuvent être
comptes comme une force vive de colonisation.
Les ventes des terres du domaine ont jusqu'à présent donné peu de résultats *pour le peuplement* ; il
en sera de même à l'avenir car elles n'ont de valeur
et ne peuvent se vendre dans les colonies en Algérie comme ailleurs, que lorsqu'une population
européenne, *attirée par des dons de concessions*, a
formé des centres nombreux et importants. Les
terres vendues par l'Etat sont rarement habitées
par les acheteurs ou par des fermiers venus de
France ; elles sont généralement louées à des in
digènes ce qui permet aux acquéreurs d'attendre
une plus value, plus ou moins lointaine et proble-
matique qui leur permettra de revendre avec bénéfice. Celles qui sont vendues par l'Etat restent
sans valeur pour le peuplement européen tant
qu'il n'y a pas dans le voisinage des centres im
portants de colonisation et ces centres de colonisation, il ne faut pas l'oublier, ne sont jamais creés
par l'initiative privée ; c'est l'intervention de l'état
qui les a crés dans le passé et c'est cette intervention qui sera nécessaire pour les créer dans l'avenir mais elles sont la *condition indispensable* de
tout grand développement colonial et ces créa-
tions ne sont possibles que grâce aux dons gra-
tuits desterres et aux exemptions d'impôts.

Vouloir supprimer ces trois facteurs c'est
enrayer tout de suite le développement colonial,
c'est l'arrêter complètement

Vous voulez que la colonie se développe à l'ave-

---

(1) Le décret du 25 juillet 1830, qui a exclu la concession
au profit de la vente a coupé court à toute colonisation.
On chercherait vainement, en effet, dans le recueil des
actes du gouvernement, une création sérieuse faite sous
l'empire de ce décret p. 6 exposé d'un projet de colonisation 1863.

nir uniquement par ses propres ressources,comme si sa période de croissance étant terminée elle n'avait plus qu'à se maintenir dans le même état ou à progresser lentement comme certains vieux pays d'Europe. Vous voulez que l'Algérie paie *tous ses services* civils (1)et donne même à la France quelques millions tous les ans pour diminuer le déficit de son budget.

L'Algérié a dit à plusieurs reprises qu'elle pouvait faire cela à condition qu'elle aurait son autonomie budgétaire ; on lui a refusé son budget spécial, le droit de faire un emprunt pour compléter son outillage si rudimentaire jusqu'à présent, on lui annonce la diminution et la suppression de de tous ses crédits, on veut pourtant que la colonie se développe aussi rapidement que par le passé, encore plus , mais on lui refuse tout moyen de le faire ! Il ne faut pas s'étonner que les colons algériens soient profondément attristés et découragés par toutes ces mesures et que leurs murmures soient reproduits par la presse algérienne.

Dire que la colonisation a avorté, qu'on n'a importé en Algérie que des colons toujours mécontents et incapables de se suffire a eux-mêmes sans les secours de la mère-patrie et réclamant sans cesse de nouveaux secours, parce qu'ils se croient incapables de prospérer par eux-mêmes, c'est dire quelque chose qui a été vrai dans une certaine mesure jusqu'en 1870 ou 1875, mais qui ne l'est plus aujourd'hui. La vérité c'est que les colons actuels sont persuadés que l'Algérie peut largement se suffire à elle-même à condition que la mère-patrie la laissera libre de disposer des ressources *fournies par ses impôts* libre d'en établir de nouveaux à son profit. Les algériens disent hautement qu'ils ont tout à gagner à être livrés à leurs propres ressources, ils disent que pour attirer une nombreuse population française, ils donneraient ou vendraient à bas prix toutes les terres appar-

---

(1) Depuis longtemps l'Algérie paie tous ses services vils et beauconp d'autres choses, etc. etc.

On a dit déjà en 1859 : « Avec toutes ses ressources l'Algérie paie toutes ses dépenses d'administration et consacre même un excédant de deux ou trois millions à solder les tronpes indigènes, spahis et tirailleurs, etc.

Revue des deux Mondes, avril 1859.

tenant à l'Etat. Ils disent que pour attirer de nouveaux colons, ils affranchiraient de tout impôt nouveau, pour dix ou quinze ans, les nouveaux arrivants. Qu'ils délivreraient l'Algérie du fléau de l'usure par la création d'une banque nationale de prêts aux colons Ils affirment que l'usure, contre laquelle on a tant parlé et écrit en vain, ne peut-être détruite ou enrayée sérieusement que par une puissante intervention de l'Etat. Ils affirment que la France doit avoir en vue, non la perception de quelques millions d'impôts de plus, *mais la création d'une abondante matière imposable plus tard* ; que la France doit voir dans l'Algérie non une matière à nouveaux impôts mais un pays d'expansion coloniale pour ses enfants ; c'est donc non *l'intérêt immédiat* du trésor qu'il faut chercher, mais l'avantage des populations, ce qui amènera rapidement un grand développement de la colonie.

Le commerce, l'industrie et l'agriculture iront grandissant au grand bénéfice de tous, colons, indigènes, métropolitains et du trésor lui-même car les impôts actuels qui rentrent difficilement rentreront sans peine si on cesse de les augmenter.

NOTES

On pouvait déjà dire en 1859 :

« En faits d'impôts directs, les européens ne paient que celui des patentes, grevé de centimes additionnels pour les dépenses des chambres de commerce, l'impôt personnel et mobilier est remplacé par une taxe des loyers au profit des communes ; l'impôt foncier n'existe pas, c'est une prime accordée à la colonisation, *néanmoins* les concessions sont toutes grevées d'une rente annuelle de 2 à 3 francs par hectare, qui ressemble de fort près a l'impôt, et les Préfets ne cachent plus leurs projets de centimes additionnels à établir d'après des tableaux fictifs de l'impôt principal, fictions qui ne tarderont pas à devenir des réalités, quand les Receveurs auront sous la main un travail tout préparé. Contre cette grave menace, de vives et justes protestations se sont déjà fait entendre. Ignore-t-on, a t-on dit avec juste raison que les Algériens paient des taxes de tout nom et de toute nature si bien que la part contributive de chaque européen ne peut être évaluée à moins de 5o fr. (1) par tête. Au budget de l'Etat, l'Algérie compte, en 1859, pour 20.950.000 fr. de recettes ; les trois budgets provinciaux s'élévèrent ensemble à 8.700.000 fr., soit un total de près de 30 millions de fr. (2) auxquels il faudrait ajoutes les taxer *municipales* de toute nature pour connaître les forces financières de la colonie.

Avec ces *ressources* elle paie *toutes* ses dépenses d'administration, et consacre même un excédant de deux ou trois millons à solder les troupes indigènes, spahis, tirailleurs. Ce simple chiffre de 30 millions pour un état qui compte (1859) seulement 180.000 europeens (3) mesure à la fois leur puissance de production et de consommation (4), et celles qu'acquièrent à leur contact les populations indigènes, il demontre surtout de *qu'elle iujustice serait toute nouvelle aggravotion d'impôt* » page 913.

Revue des deux Mondes, avril 1859.

---

(1) On paye aujourd'hui, non compris les impôts établis en 1891 et 1892, 61 francs. Voir le rapport de M. Clamageran déposé au Sénat le 2 décembre 1892.

(2) En 1891 les recettes que l'Algérie fournit à la France sont de 80 millons, lire Burdeau, les impôts progressent plus rapidement que les populations.

(3) Burdeau. Aujourd'hui, 1892, les européens sont au nombre de 500.000.

(4) « Il est admis en Algérie que, pour toutes les consommations et contributions indirectes, un européen vaut dix indigenes », p.913. *Revue des Deux Mondes*, avril 1859. C'est d'après ce rapport qu'est établie la répartition de l'octroi de mer.

Imprimerie H. Michel. — Nimes.